Jonas Lehmann

Die Übertragung von Eigentum an beweglichen Sachen - deutsches und niederländisches Recht im Vergleich

GRIN - Verlag für akademische Texte

Der GRIN Verlag mit Sitz in München und Ravensburg hat sich seit der Gründung im Jahr 1998 auf die Veröffentlichung akademischer Texte spezialisiert.

Die Verlagswebseite http://www.grin.com/ ist für Studenten, Hochschullehrer und andere Akademiker die ideale Plattform, ihre Fachaufsätze und Studien-, Seminar-, Diplom- oder Doktorarbeiten einem breiten Publikum zu präsentieren.

Dokument Nr. V57191 aus dem GRIN Verlagsprogramm

Jonas Lehmann

Die Übertragung von Eigentum an beweglichen Sachen - deutsches und niederländisches Recht im Vergleich

GRIN Verlag

Bibliografische Information Der Deutschen Bibliothek: Die Deutsche Bibliothek verzeichnet diese Publikation in der Deutschen Nationalbibliografie; detaillierte bibliografische Daten sind im Internet über http://dnb.ddb.de/ abrufbar.

1. Auflage 2006
Copyright © 2006 GRIN Verlag
http://www.grin.com/
Druck und Bindung: Books on Demand GmbH, Norderstedt Germany
ISBN 978-3-638-66519-3

Universität Siegen
Seminararbeit
Zivilrecht

eingereicht von:
Jonas Lehmann

Die Übertragung von Eigentum an beweglichen Sachen –

deutsches und niederländisches Recht im Vergleich

2006

Inhaltsverzeichnis

A. Einleitung — 1

B. Begriffsbestimmungen — 2
  I. Gut, Sache — 2
  II. Besitz — 2
  III. Eigentum — 3

C. Eigentumsübergang — 4
  I. Verfügungsbeschränkungen — 4
  II. Erwerb vom Berechtigten — 4
    1. Lieferung — 4
      a. Dingliche Einigung — 5
      b. Besitzverschaffung — 6
      c. Übergabesurrogate — 6
        aa. Besitzkonstitut — 6
        bb. Brevi manu traditio — 7
        cc. Longa manu traditio — 7
    2. Gültiger Titel — 8
      a. Allgemeines — 8
      b. Abstraktions- vs. Kausalprinzip — 8
    3. Verfügungsbefugnis — 10
  III. Erwerb vom Nichtberechtigten — 11
    1. Die Regelung des Art. 3:86 BW — 11
      a. Allgemeines — 11
      b. Guter Glaube — 12
      c. *„verkrijging dan om niet"* / Entgeltlichkeit — 13
      d. Gestohlene Güter — 14
    2. Die Regelung des Art. 3:88 BW — 15
      a. Anwendungsbereich — 15
      b. Voraussetzungen — 15
      c. Rechtsfolge, Zielsetzung und Rechtsvergleichung — 16

D. Rückabwicklung einer Eigentumsübertragung — 16
  I. Rücktritt (*ontbinding*) — 16
  II. „*recht van reclame*" – Rücktritt mit dinglicher Wirkung — 17
    1. Anwendungsbereich und Ziele — 18
    2. Voraussetzungen — 18
    3. Rechtsfolgen — 19
    4. Rechtsdogmatik — 19
    5. Drittschutz — 20

E. Vergleichendes Fazit und Beurteilung — 21

A. Einleitung

In dieser Arbeit soll das Verfahren der rechtsgeschäftlichen Eigentumsübertragung der deutschen und niederländischen Rechtsordnung erörtert und verglichen werden. Im Vordergrund stehen dabei die einzelnen Grundvoraussetzungen für den Eigentumsübergang an Mobiliarsachen. In diesem Zusammenhang wird detailliert auf die Gründe, Folgen und Auswirkungen der unterschiedlichen Grundsätze, d.h. Abstraktions-, Trennungs- und Kausalprinzip, eingegangen.

Abweichungen von den Grundvoraussetzungen wie mögliche Alternativen im Rahmen der Besitzverschaffung (Übergabesurrogate) und Fragen des gutgläubigen Erwerbs werden herausgearbeitet und innerhalb dieser Prinzipien eingeordnet.

Im vierten Teil wird die Thematik der Rückabwicklung einer Eigentumsübertragung beleuchtet. Hier weist die niederländische Rechtsordnung ein zusätzliches Instrument, das „*reclamerecht*", auf, das auf Grund seiner dinglichen Wirkung kein Gegenstück im BGB kennt.

Die Rechtsvergleichung wird in die einzelnen Abschnitte inzidiert. Große Teile dieses Rechtsgebietes entsprechen sich in *Burgerlijk Wetboek* und *BGB*, wie bspw. das grundsätzliche Traditionsprinzip sowie die Abweichung davon im Rahmen der Übergabesurrogate und eine Trennung von Verpflichtungs- und Verfügungsgeschäft. Deshalb werden auch tiefer liegende Unterschiede aufgezeigt und eklatantere Abweichungen ausführlich behandelt. Dabei werden die einzelnen Ergebnisse regelmäßig auf die Funktionsweise und Effekte von Abstraktions- bzw. Kausalprinzip zurückgeführt. Kritik an den einzelnen Prinzipien durch Autoren beider Länder wird aufgezeigt und diskutiert.

B. Begriffsbestimmungen
I. Gut, Sache

Der Begriff *goed* („Gut" bzw. „Güter") stellt im niederländischen Recht einen Oberbegriff dar für alle Sachen und Vermögensrechte (Art. 3:1 Burgerlijk Wetboek (BW)). Hierzu zählen demnach auch Forderungs-, Urheber-, Patent- und Markenrechte.[1] Damit ist *goed* inhaltlich vergleichbar mit dem deutschen Begriff Gegenstand.[2]
Zaken (Sachen) sind Bestandteil der *goederen* und „sind die der menschlichen Beherrschung fähigen, körperlichen Gegenstände".[3] Unterteilt wird zunächst nach beweglichen und unbeweglichen Sachen. Dabei werden die Immobiliarsachen abschließend aufgezählt in Art. 3:3 I BW und dadurch abgegrenzt von den Mobiliarsachen („Beweglich sind alle Sachen, die nicht unbeweglich sind."[4]). Eine weitere Abgrenzung erfolgt zwischen Registergütern und Nicht-Registergütern gem. Art. 3:10 BW. Zur ersten Kategorie gehören v.a. unbewegliche Sachen nebst beschränkt dinglichen Rechten darauf sowie Seeschiffe und Flugzeuge, welche im deutschen Recht als Immobiliarsachen gelten.[5] Die Notwendigkeit der Unterscheidung zwischen Mobiliar- und Immobiliarsachen begründet sich insbesondere in der korrekten Anwendung sachenrechtlicher Normen, die letztgenannte Abgrenzung ist für Übergabe und Übertragung von Bedeutung.[6] Diese Arbeit befasst sich im Folgenden ausschließlich mit beweglichen Sachen, die keine Registergüter sind.

II. Besitz

Bezit nach Art. 3:107 BW – im deutschen Recht dem Eigenbesitz gleichkommend, hat im niederländischen Recht zwei Funktionen: eine statische und eine dynamische Funktion. Die statische Funktion erfüllt sich in der Beschreibung eines tatsächlichen Zustandes und entfaltet damit die dem römischen Recht entstammende prozessuale Besitz-

---

[1] *Asser*, Goederenrecht I, Rn. 50
[2] *Mincke*, Einführung, Rn. 100
[3] *NBG*, Art. 3:2
[4] *NBG*, Art. 3:3 II
[5] *Mincke*, Einführung, Rn. 150
[6] *Asser*, Goederenrecht I, Rn. 85

schutzfunktion (Art. 3:125 I BW) sowie Eigentumsvermutung nach Art. 3:119 I BW, § 1006 BGB.[7]
Die dynamische Funktion spiegelt sich durch Besitzänderungen wie –übertragungen bei der Übergabe von Sachen (Art. 3:84 I BW), bei der Ersitzung (Art. 3:99 BW) sowie der Aneignung (Art. 5:4 BW) wider.[8]

III. Eigentum

Eigendom ist gem. Art. 5:1 I BW das umfangreichste, exklusive Recht, was eine Person an einer Sache haben kann. Es lässt sich mit Ausnahme der beschränkt dinglichen Rechte nicht spalten oder teilweise übertragen. Die zwei daraus folgenden Eigenschaften von Eigentum sind einerseits die positive Rechtsbeziehung zwischen Eigentümer und Sache, andererseits eine durch das Eigentum hergestellte negative Rechtsbeziehung zwischen Eigentümer und Dritten: Der Eigentümer kann vorbehaltlich gesetzlicher Vorschriften und ungeschriebener Gesetze sowie unter Beachtung der Rechte Anderer eine Sache frei benutzen (Art. 5:1 II BW). Die negative Rechtsbeziehung besteht im Ausschluss Dritter von der Sache sowie in einem Vindikationsanspruch (Art. 5:2 BW, § 985 BGB).[9]

Nieskens-Isphording sieht dennoch einen Unterschied zum Eigentumsbegriff im BGB: Im deutschen Recht habe der Eigentümer das Recht, „mit der Sache nach Belieben zu verfahren" (§ 903 BGB), was zu einem Eigentumsrecht ohne jegliche Grenzen führe und im Rahmen einer sozialen Gesellschaft unvertretbar sei. Daher habe der niederländische Gesetzgeber ein derart weites Eigentumsrecht ausdrücklich verneint. Durch Art. 14 II GG sei jedoch eine Einschränkung des Eigentumsrechts i.d.S. gegeben; mithin gebe es keine wesentlichen Unterschiede zwischen BW und BGB.[10]

---

[7] *Asser*, Goederenrecht I, Rn. 107; *Mijnssen*, Bezit, S. 22f.
[8] *Mijnssen*, Bezit, S. 29f.
[9] *Asser*, Goederenrecht II, Rn. 19, 21; auch *Nieuwenhuis*, Commentaar, S. 1957
[10] *Nieskens-Isphording*, Overdracht, S. 17f.

C. Eigentumsübertragung
I. Verfügungsbeschränkungen

Die grundsätzliche Möglichkeit einer Eigentumsübertragung ist im niederländischen Recht garantiert nach Art. 3:83 I BW. Verfügungsbeschränkungen können nur durch Gesetz entstehen oder, wenn „die Art des Rechtes einer Übertragung widerspricht"[11]. Gesetzliche Verfügungsbeschränkungen oder –verbote bzgl. beweglicher Sachen existieren indes nicht.

Auch durch Parteivereinbarung können sich Verfügungsbeschränkungen oder –verbote ergeben, allerdings im Rahmen der Eigentumsübertragung nicht mit absoluter, sondern nur mit relativer Wirkung. Dies entspricht der Regelung in § 137 BGB.[12] Eine solche Vereinbarung entfaltet demnach keine dingliche Wirkung, sondern ist lediglich verpflichtende Vereinbarung (vgl. § 137 S. 2 BGB). Ließe man einen generellen und absoluten Ausschluss der Eigentumsübertragung durch Parteivereinbarung zu, führe dies zum „ökonomischen Tod" der betreffenden Sache und damit zu einer massiven Einschränkung des freien Warenverkehrs.[13]

II. Erwerb vom Berechtigten

Der Eigentumserwerb vom Berechtigten richtet sich grundsätzlich nach Art. 3:84 I BW. Danach hat eine Lieferung zu erfolgen, die in der Erfüllung eines Rechtsgrundes (*titel*) begründet ist und von einem Verfügungsberechtigten ausgeführt wird. Diese Voraussetzungen müssen konstitutiv vorliegen; fehlt es auch nur an einer, scheitert die Eigentumsübertragung.[14]

1. Lieferung

Erste Voraussetzung für eine Eigentumsübertragung ist die Lieferung (*levering*). Diese setzt sich aus zwei Bestandteilen zusammen: Dingliche Einigung und Besitzverschaffung.

---

[11] *NBG*, Art. 3:83 I
[12] *Nieskens-Isphording*, Overdracht, S. 28
[13] *Reehuis*, Goederenrecht, Rn. 105
[14] *Reehuis*, Goederenrecht, Rn. 111; Ausnahmen davon nur im Rahmen des gutgläubigen Erwerbs; siehe dazu unten S. 11ff.

a. Dingliche Einigung

Das BGB verlangt gem. § 929 S. 1 u.a. explizit eine Einigung zwischen den Parteien über den Eigentumsübergang. Im BW ist diese Voraussetzung nicht formuliert, aber auch wenn das BW eine dingliche Einigung (*goederenrechtelijke overeenkomst*) nicht ausdrücklich nennt und sie seitens Teilen der Praxis sogar als überflüssig angesehen wird, stellt die dingliche Einigung den Kern der Lieferung dar.[15]

Die dingliche Einigung ergibt sich aus den Willenserklärungen der Parteien, Eigentum zu übertragen. Aus den Willenserklärungen muss erkennbar sein, auf welche Sache(n) sie sich beziehen; sie müssen ausreichend bestimmt sein (Bestimmtheits- oder Spezialitätsgrundsatz, Art. 3:84 II BW). Sollen bspw. Warenlager übereignet werden, müssen die zu übereignenden Objekte anhand der dinglichen Einigung individualisierbar sein.[16]

In beiden Rechtsordnungen wird die dingliche Einigung oft nicht ausdrücklich, sondern konkludent durch die Übergabe erfolgen, bspw. bei Bargeschäften des täglichen Lebens.[17] Sollte sie jedoch ausdrücklich erfolgen und zeitlich mit der Übergabe auseinanderfallen, ist fraglich, inwieweit die Parteien an eine antizipierte Einigung gebunden sind.

Im niederländischen Recht kann eine auf ein Rechtsgeschäft bezogene Willenserklärung nach Art. 6:219 BW nur so lange widerrufen werden, bis sie angenommen worden ist. Diese Vorschrift gilt gem. Art. 6:216 BW auch für dingliche Einigungen. Sollte eine antizipierte dingliche Einigung also stattgefunden haben, muss man davon ausgehen, dass die Parteien auch daran gebunden sind.

Im deutschen Recht wird nach herrschender Meinung davon ausgegangen, dass die dingliche Einigung erst bei Übergabe der Sache bindend wird; § 929 S. 1 BGB erfordere noch bei der Übergabe ein Einigsein zwischen den Parteien. Damit sei die dingliche Einigung bis zu diesem Zeitpunkt frei widerruflich.[18]

---

[15] str., vgl. *Asser*, Goederenrecht I, Rn. 207 a.E.; *Nieskens-Isphording*, Overdracht, S. 30
[16] *Asser*, Goederenrecht I, Rn. 214
[17] *Mijnssen*, Bezit, S. 92; *Nieskens-Isphording*, Overdracht, S. 30
[18] *Medicus*, Bürgerliches Recht, Rn. 34; *Baur/Stürner*, Sachenrecht, § 5, Rn. 36

b. Besitzverschaffung

Für die Lieferung ist außerdem eine tatsächliche Leistungshandlung in Form der Besitzverschaffung erforderlich. Durch einen solch äußerlich wahrnehmbaren Vorgang soll im niederländischen wie im deutschen Recht Publizitätswirkung hergestellt werden.

Die Bedingung, dass für eine Lieferung nicht nur die dingliche Einigung, sondern auch die Besitzverschaffung notwendig ist, ohne die keine Übereignung stattfinden kann, nennt man Traditionsprinzip.[19]

Für bewegliche Nicht-Registergüter, die sich im unmittelbaren Besitz des Veräußerers befinden, bestimmt sich die Besitzverschaffung nach Art. 3:90 I BW, § 854 BGB. Der Erwerber muss die Sachherrschaft so ausüben können, wie sie bislang der Veräußerer ausüben konnte (Art. 3:114 BW). Es muss eine vollständige Übertragung stattfinden, indem der Veräußerer seine Besitzposition gänzlich aufgibt.[20]

Insofern gibt es im Hinblick auf die grundsätzliche Anwendung des Traditionsprinzips keine Unterschiede in den jeweiligen Rechtsordnungen.

c. Übergabesurrogate

Sowohl das niederländische als auch das deutsche Recht kennen Übergabesurrogate, die die tatsächliche Übergabehandlung substituieren und damit das Traditionsprinzip durchbrechen.[21]

aa. Besitzkonstitut

Zunächst ist es möglich, die Übergabe durch ein Besitzkonstitut zu ersetzen. Dabei einigen sich Veräußerer und Erwerber dinglich über den Eigentumsübergang (§§ 929 S. 1, 930 BGB) sowie ein Besitzmittlungsverhältnis (z.B. Miet-, Pacht-, Leihvertrag) i.S.d. § 868 BGB, Art. 3:111 BW. Fortan ist der Erwerber mittelbarer Eigenbesitzer der Sache, der Veräußerer nunmehr unmittelbarer Fremdbesitzer. Im BW ist dieses Übergabesurrogat, „constitutum possessorium" genannt, geregelt in Art. 3:115a BW.[22]

---

[19] *Baur/Stürner*, Sachenrecht, § 51, Rn. 1
[20] *Asser*, Goederenrecht I, Rn. 211; *Hütte*, Sachenrecht I, S. 135 a.E.
[21] *Baur/Stürner*, Sachenrecht, § 51, Rn. 3
[22] *Asser*, Goederenrecht I, Rn. 154

Bei diesem Übergabesurrogat ist jedoch die Drittschutzvorschrift aus Art. 3:90 II BW zu beachten. Sie schützt einen Dritten, der ein älteres Recht an der Sache hat (bspw. auf Grund eines beschränkt dinglichen Rechtes), indem die Übergabe in diesem Falle erst wirksam wird, sobald der Erwerber Eigenbesitz erlangt, außer, der Dritte stimmt der Veräußerung zu.[23] Eine vergleichbare Vorschrift ist § 933 BGB.

bb. Brevi manu traditio

Die Regelungen zur Übereignung brevi manu traditio finden sich in § 929 S. 2 BGB bzw. Art. 3:115b BW. Sie finden Anwendung, wenn der Erwerber bereits im Besitz der Sache ist. In diesem Falle genügt für den Eigentumsübergang lediglich die Einigung darüber. Dadurch wird vermieden, dass die Sache zwecks Übereignung zunächst vom Erwerber wieder an den Veräußerer ausgehändigt und anschließend von diesem wieder zurückgegeben werden muss. Der Grund dieser Regelung besteht also darin, dass die dingliche Rechtslage vor dem Rechtsgeschäft bereits derjenigen entspricht, die durch die Eigentumsübertragung hervorgerufen werden soll.[24]

cc. Longa manu traditio

Gemäß Art. 3:115c BW ist eine Übertragung möglich, indem ein Dritter, der unmittelbarer oder mittelbarer Besitzer der Sache ist, diese Besitzübertragung anerkennt oder ihm diese von einer der Parteien mitgeteilt wird.

Eine ähnliche Regelung enthält § 931 BGB. Hiernach wird in einem solchen Fall der Herausgabeanspruch des Veräußerers gegenüber dem Dritten an den Erwerber gem. § 398 BGB abgetreten.[25]

Es gibt allerdings Unterschiede zum niederländischen Recht. Während das BW durch die Bestimmung, dass der Eigentumsübergang erst stattfindet, wenn der Dritte anerkennt oder eine Mitteilung erhält, dem Publizitätsprinzip Rechnung trägt, verlangt das BGB keine Außenwir-

---

[23] *NBG*, Art. 3:90 II
[24] *Hütte*, Sachenrecht I, S. 137
[25] *Hütte*, Sachenrecht I, S. 151ff.

kung dieser Art. Der Dritte muss an der Übereignung also nicht mitwirken; sie wird unabhängig von ihm wirksam.[26]

2. Gültiger Titel
a. Allgemeines

Zweites Erfordernis für eine Eigentumsübertragung ist im niederländischen Recht ein gültiger Titel. Dabei handelt es sich um den Rechtsgrund, der die Grundlage für den Eigentumsübergang bildet und diesen rechtfertigt. Im Regelfall begründet sich der Titel durch Vertrag, z.B. durch einen Kaufvertrag. Er kann aber auch aus einem Gesetz entstehen.

Ein entsprechender Vertrag muss die Verpflichtung enthalten, dass Eigentum übertragen wird, wie es bei Kaufverträgen der Fall ist, nicht jedoch bei Miet- oder Leihverträgen. Letztere stellen damit keinen Titel i.d.S. dar. Gesetzlich entstehen Titel bspw. im Rahmen von Rückgewährschuldverhältnissen (Art. 6:271 BW).[27]

b. Abstraktions- vs. Kausalprinzip

Es stellt sich die Frage, welche Auswirkungen ein ungültiger Titel auf den Eigentumsübergang hat. Im deutschen Recht sind nach dem Trennungs- und Abstraktionsprinzip Verpflichtungs- und Verfügungsgeschäft strikt voneinander unabhängig zu beurteilen. Sollte das Verpflichtungsgeschäft, wie etwa der Kaufvertrag, ungültig sein, hat dies keine Auswirkungen auf das Verfügungsgeschäft. Hat ein Eigentumsübergang also bereits durch Übergabe stattgefunden, so wirkt dieser trotz der Unwirksamkeit des Verpflichtungsgeschäfts weiter.[28] Das Abstraktionsprinzip bewirkt damit Rechtssicherheit: Findet ein Eigentumsübergang statt, können die Parteien, insbesondere der neue Eigentümer, ungeachtet von etwaigen Mängeln im Verpflichtungsgeschäft

---

[26] Wiegand in *Staudinger*, § 931 Rn. 1; Bearbeiter in: *Soergel/Stürner*, § 931 Rn. 6; *Wieling*, Sachenrecht, § 9 IV 1c (S. 100)
[27] *Reehuis*, Goederenrecht, Rn. 113; zu Rückgewährschuldverhältnissen siehe unten S. 16
[28] *Hütte*, Sachenrecht I, S. 21

auf die geänderte Rechtslage vertrauen. Es wird somit Verkehrsschutz hergestellt.[29]

Nieskens-Isphording und *Baur/Stürner* üben insofern Kritik am Abstraktionsprinzip, als dass es in vielen Fällen des Eigentumsüberganges lebensfremd sei. Wenn wie in vielen Fällen dingliche Einigung und Übergabe zeitlich zusammenfallen, z.B. bei Geschäften des täglichen Lebens, könne es nicht angängig sein, Verpflichtungs- und Verfügungsgeschäft strikt zu trennen,[30] auch wenn es die Konstruktion der Fehleridentität im deutschen Recht gebe. Danach sei bei Vorliegen des gleichen Mangels in Verpflichtungs- wie Verfügungsgeschäft das Abstraktionsprinzip durchbrochen; der Fehler wirke für beide Geschäfte.[31]

Im niederländischen Recht stellt sich dies anders dar. Wie im BGB muss ein Rechtsgrund für die Übertragung vorliegen, als weiteres Erfordernis muss dieser Titel aber auch gültig sein.[32] Ein Titel kann von Anfang an ungültig sein oder nach der Lieferung ungültig werden. Von Anfang an ungültig bzw. nichtig ist der Titel bspw. bei Verstößen gegen die guten Sitten, die öffentliche Ordnung oder das Gesetz.[33] Nachträgliche Ungültigkeit entsteht z.B. durch Anfechtung. In beiden Fällen findet bzw. fand eine Lieferung ohne gültigen Titel statt, wodurch nach niederländischem Recht das Eigentum nicht übergeht. Bei nachträglich ungültigem Titel entfällt ex tunc der Rechtsgrund. Der ursprüngliche Eigentümer hat damit das Eigentum nie verloren; die andere Partei hat nie Eigentum erlangt. Das niederländische Recht folgt somit nicht dem Abstraktionsprinzip, sondern dem Kausalprinzip: Eine Übergabehandlung muss durch ihren Titel begründet sein.[34] Der Vorteil des Kausalprinzips liegt im Schutz der abgebenden Vertragspartei: Sie bleibt bei Unwirksamkeit des Verpflichtungsgeschäfts

---

[29] *Larenz*, Schuldrecht, S. 13; Wiegand in *Staudinger*, Vorbem zu §§ 929ff., Rn. 17; *Nieskens-Isphording*, S. 80, 90
[30] *Baur/Stürner*, Sachenrecht, § 52, Rn. 44
[31] *Nieskens-Isphording*, Overdracht, S. 80
[32] vgl. Wortlaut des Art. 3:84 BW
[33] Art. 3:40 I BW
[34] *Mincke*, Einführung, Rn. 143f.; *Nieskens-Isphording*, Overdracht, S. 74f.

Eigentümer und ist damit z.B. im Falle der Insolvenz des Vertragspartners oder der Weiterveräußerung an Dritte geschützt gegen unrechtmäßige Vermögensverschiebungen. Mithin hat sie durch ihr unverändertes Eigentumsrecht unproblematisch einen Vindikationsanspruch gegen den Besitzer aus Art. 5:2 BW.[35]

3. Verfügungsbefugnis

Nach Art. 3:84 I BW muss der Veräußernde zum Zeitpunkt der Übergabe verfügungsberechtigt (*beschikkingsbevoegd*) sein.[36] Eine Verfügung ist die Verfremdung, d.h. Übertragung, oder die (dingliche) Belastung einer Sache. Die Verfügungsberechtigung ist eine sachenrechtliche Beziehung zwischen einer Person und einer Sache. Dieses Recht ist ein Exklusivrecht; es steht immer nur einer Person zu und kann nicht aufgeteilt werden. Somit ist immer auch nur eine Person verfügungsberechtigt. In der Regel handelt es sich dabei um den Eigentümer der Sache.[37]

Ausnahmen dazu gibt es in positiver wie negativer Hinsicht.

Ein Nichteigentümer kann kraft Gesetzes oder durch entsprechende Einwilligung des Eigentümers verfügungsberechtigt sein. Im Konkursfall verliert der Eigentümer gem. Art. 23 Fw[38] die Verfügungsberechtigung, welche sodann auf den Konkursverwalter übergeht (Art. 68, 175, 176 Fw).[39] Eine entsprechende Bestimmung im deutschen Recht findet sich in § 80 I InsO.

Kraft Gesetzes können außerdem Pfand- (Art. 3:248 BW; §§ 1204ff. BGB) oder Hypothekengläubiger (Art. 3:268 BW; §§ 1113ff. BGB) unter bestimmten Umständen Verfügungsberechtigung innehaben.[40]

Beide Rechtsordnungen erlauben eine Ermächtigung zur Verfügungsberechtigung seitens des Eigentümers, sodass ein Dritter wirksam verfügen kann (Art. 3:58 I BW; § 185 I BGB).

---

[35] *Snijders*, Goederenrecht, S. 253; *Reehuis*, Goederenrecht, Rn. 114f.; zu beachten sind allerdings die Vorschriften bzgl. gutgläubiger Dritterwerber; siehe dazu unten S. 11ff.; zu Nachteilen des Kausalprinzips siehe unten S. 15f.
[36] *Asser*, Goederenrecht I, Rn. 247
[37] *Reehuis*, Goederenrecht, Rn. 135-137
[38] Faillissementswet, entspr. InsO
[39] *Reehuis*, Goederenrecht, Rn. 140-141
[40] *Asser*, Goederenrecht I, Rn. 246

Für den Fall, dass eine Übergabe zunächst ohne Verfügungsberechtigung erfolgt, heilt eine nachträgliche Genehmigung des Eigentümers gem. Art. 3:58 I BW bzw. § 185 II BGB den Mangel mit Wirkung zum Zeitpunkt der Verfügung, vgl. § 184 I BGB.[41]

Wird eine bspw. durch Pfandrecht oder Eigentumsvorbehalt belastete Sache übereignet, so wirkt diese Belastung nach der Übereignung weiter. Dies begründet sich nach dem Grundsatz „nemo plus iuris ad alium transferre potest quam ipse habet", nach dem niemand mehr Rechte übertragen kann, als er selbst inne hat.[42]

III. Erwerb vom Nichtberechtigten
1. Die Regelung des Art. 3:86 BW
a. Allgemeines

Sowohl das BW als auch das BGB beinhalten Bestimmungen, nach denen eine Eigentumsübertragung unter bestimmten Umständen möglich ist, obwohl es an der Verfügungsbefugnis des Veräußernden mangelt. Sinn dieser Vorschriften ist es, einen gutgläubigen Erwerber zu schützen. Demgemäß muss abgewägt werden zwischen den Interessen des Eigentümers, der sich von Eigentumsverlust bedroht sieht, und den Interessen des Erwerbers, der auf die Verfügungsbefugnis des Veräußerers vertraut hat und somit von einer wirksamen Übereignung ausgeht.

Im BW richtet sich der Eigentumserwerb von beweglichen Nicht-Registergütern vom Nichtberechtigten hauptsächlich nach Art. 3:86 BW. Dieser Artikel ist keine selbständige Eigentumserwerbsnorm. Das Eigentum wird nach wie vor nach Art. 3:84 I BW übertragen; Art. 3:86 BW heilt nur die fehlende Verfügungsberechtigung.

Danach muss zunächst eine Übergabe nach Art. 3:90, 3:91 oder 3:93 BW stattgefunden haben.[43] Dies entspricht dem Erfordernis des § 932

---

[41] *Reehuis*, Goederenrecht, Rn. 146
[42] *Reehuis*, Goederenrecht, Rn. 140; *Asser*, Goederenrecht I, Rn. 246
[43] zu Art. 3:90 BW siehe oben S. 6; andere genannte Vorschriften sind für das Thema dieser Arbeit unbeachtlich.

I 1 BGB („erfolgte Veräußerung"). Außerdem ist ein gültiger Titel obligatorisch.

b. Guter Glaube

Auch bzgl. eines weiteren Erfordernisses, des guten Glaubens des Erwerbers, besteht in den Rechtsordnungen weitestgehend Entsprechung. Zur Untersuchung stehen die jeweiligen Definitionen des „guten Glaubens".

Der Wortlaut des § 932 I BGB geht von einem guten Glauben des Erwerbers bzgl. der Eigentümerstellung des Veräußerers aus („es sei denn").[44] Nach der Negativdefinition des § 932 II BGB liegt allerdings kein guter Glaube vor, wenn dem Erwerber „bekannt oder infolge grober Fahrlässigkeit unbekannt ist, dass die Sache nicht dem Veräußerer gehört". Die erste Alternative erscheint selbstverständlich; Gutglaubensschutz muss verwehrt bleiben, wenn der Erwerber von der fehlenden Verfügungsbefugnis weiß. In dem Fall kann nicht von gutem Glauben gesprochen werden.

Fraglich ist aber die Festlegung bzw. der Umfang grob fahrlässiger Unkenntnis. Die Rechtsprechung sieht diese in der Verletzung der im Verkehr erforderlichen Sorgfalt in einem ungewöhnlich hohen Maße, wenn dasjenige außer Acht gelassen wird, was im gegebenen Fall jedem hätte einleuchten müssen.[45] Sollten Verdachtsmomente, z.B. aus signifikanten Hinweisen im Einzelfall, gegen die Verfügungsbefugnis vorliegen, ist eine sachdienliche Nachforschung erforderlich, um der Sorgfaltspflicht Genüge zu tun.[46] Von einer generellen Pflicht zur Nachforschung könne aber nicht ausgegangen werden, sie müsse der Ausnahmefall bleiben.[47]

Art. 3:118 III BW geht zunächst auch vom Vorliegen des guten Glaubens beim Erwerber aus. Art. 3:11 BW bestimmt den guten Glauben im niederländischen Recht, der bei Wissen oder Wissenmüssen der fehlenden Verfügungsbefugnis zum Zeitpunkt der Übergabe zu ver-

---

[44] Wiegand in *Staudinger*, § 932, Rn. 36
[45] BGHZ 10, 14, 16f.; BGH NJW 1994, 2022, 2023; BGH NJW 1994, 2093, 2094
[46] Wiegand in *Staudinger*, § 932, Rn. 51; BGH NJW-RR 1987, 1456, 1457
[47] Wiegand in *Staudinger*, § 932, Rn. 71

neinen ist.[48] Der Erwerber durfte im Hinblick auf den Einzelfall redlicherweise nicht davon ausgehen, dass keine Verfügungsbefugnis vorliegt. Er hat pflichtgemäße Sorgfalt auszuüben und ggf. angemessene Nachforschungen anzustellen. Sollte dies unterbleiben, ist dem Erwerber der gute Glaube abzusprechen.[49] Es ist insofern ein Unterschied zum BGB festzustellen, als dass sich der gute Glaube dort auf die Eigentümerstellung des Veräußerers bezieht, der Gutglaubensschutz sich also auf die mangelnde Berechtigung an der Sache bezieht, im niederländischen Recht jedoch bereits der gute Glaube an die Verfügungsbefugnis ausreicht und damit gegen alle etwaigen Mängel der Verfügungsbefugnis schützt.[50]

Einen speziellen Fall regelt Art. 3:87 BW: Danach liegt kein guter Glaube vor, wenn der Erwerber innerhalb von drei Jahren nach dem Eigentumsübergang auf Nachfrage keine Angaben zur Person des Veräußerers machen kann („*wegwijsplicht*").[51] Die Frage, wie weit diese Angaben gehen müssen, bleibt vom Gesetz unbeantwortet.[52]

c. „*verkrijging dan om niet*" / Entgeltlichkeit

Das *Burgerlijk Wetboek* versagt einen Gutglaubenserwerb bei einer „*verkrijging dan om niet*" (Art. 3:86 I BW). Diese liegt vor, wenn die Sache unentgeltlich oder nur gegen einen unangemessenen Gegenwert übereignet wird. Der Grund dieser Einschränkung liegt darin, dass ein Erwerber bei unentgeltlicher Veräußerung weit weniger schutzwürdig erscheint.

Unproblematisch fallen Schenkungen unter diese Einschränkung, ungewiss sind aber Veräußerungen zu „Freundschaftspreisen". Sollte nur ein symbolischer Betrag in Höhe von einem Euro gezahlt werden, könne man von einer „*verkrijging dan om niet*" ausgehen, aber bereits bei einer Gegenleistung in Höhe von 50% des eigentlichen Wertes der Sache könne gutgläubiger Erwerb erfolgen.[53]

---

[48] Art. 3:86 I BW
[49] *Brahn*, Levering, S. 63; *Reehuis*, Goederenrecht, Rn. 153
[50] *Mincke*, Einführung, Rn. 166
[51] *Mincke*, Einführung, Rn. 169
[52] *Reehuis*, Goederenrecht, Rn. 157
[53] *Reehuis*, Goederenrecht, Rn. 159

Insofern ist diese Vorschrift unklar und der Praxis schwierig umzusetzen, weshalb sie z.B. von *Brahn* abgelehnt wird.[54]

Das BGB kennt die Voraussetzung der Entgeltlichkeit in diesem Zusammenhang nicht. Allerdings entsteht bei unentgeltlich gutgläubig erworbenem Eigentum ein Kondiktionsanspruch gegen den Erwerber nach § 816 I 2 BGB.[55]

d. Gestohlene Güter

Wird die Sache durch Diebstahl entwendet, kann gem. Art. 3:86 III BW gutgläubiger Erwerb erst nach drei Jahren erfolgen. Diese Ausschlussfrist beginnt mit dem Tag des Diebstahls. Sollte der ursprüngliche Eigentümer in dieser Zeit keinen Vindikationsanspruch erheben, geht das Eigentum auf den Erwerber über. Andere Arten des unfreiwilligen Besitzentzugs wie Verlust werden ausdrücklich nicht unter Art. 3:86 III BW subsumiert.[56]

Art. 3:86 III BW wird nicht angewendet, wenn es sich um einen Verbrauchsgüterkauf in einem Ladengeschäft oder um Geld bzw. Wertpapiere handelt (Art. 3:86 III a,b BW).[57]

Im BGB ist die Schutzwirkung für den ursprünglichen Eigentümer weiter gefasst: Nach § 935 I 1 BGB ist der gutgläubige Erwerb nicht nur im Falle eines Diebstahls ausgeschlossen, sondern auch bei unfreiwilligem Besitzverlust („…verloren gegangen oder sonst abhanden gekommen…") und ohne Beachtung einer Frist. Geld und Inhaberpapiere sind aber wiederum von dieser Regelung ausgenommen (vgl. § 935 II BGB).

---

[54] *Brahn*, Levering, S. 66
[55] *Baur/Stürner*, Sachenrecht, § 52, Rn. 33
[56] *Reehuis*, Goederenrecht, Rn. 163; *Mincke*, Einführung, Rn. 168
[57] *Brahn*, Levering, S. 75f.; *Reehuis*, Goederenrecht, Rn. 165

2. Die Regelung des Art. 3:88 BW

a. Anwendungsbereich

Eine weitere Vorschrift zum Gutglaubensschutz ist der Art. 3:88 BW, dessen Anwendungsbereich und Voraussetzungen sich jedoch unterscheiden von Art. 3:86 BW. Während dieser Artikel im Falle einer fehlenden Verfügungsbefugnis anzuwenden ist, substituiert Art. 3:88 BW den zum Eigentumserwerb erforderlichen gültigen Titel[58] oder die fehlerfreie Lieferung. Da das niederländische Recht dem Kausalprinzip folgt, führt ein fehlerhafter Titel oder eine fehlerhafte Lieferung[59] wie bereits ausgeführt zur Unwirksamkeit der Eigentumsübertragung. Art. 3:88 BW grenzt demgegenüber die negativen Auswirkungen des in Art. 3:84 I BW verankerten Kausalprinzips ein. Sollte A an B ohne gültigen Titel liefern, erwirbt B kein Eigentum. Veräußert B nun weiter an C, handelt er ohne Verfügungsbefugnis.[60]

b. Voraussetzungen

Zunächst muss Gutgläubigkeit vorliegen, in diesem Falle darauf bezogen, dass der Dritterwerber nicht wissen durfte und musste, dass der vorangegangene Eigentumserwerb mangels gültigem Titel von statten ging. Die Gutgläubigkeit ist wiederum zu beurteilen nach Art. 3:11 BW.[61]

Es muss eine Unwirksamkeit einer früheren Verfügung durch ungültigen Titel oder fehlerhafte Lieferung vorliegen, z.B., indem der Titel durch Anfechtung ex tunc entfallen ist.[62]

Im Gegensatz zur Regelung des Art. 3:86 BW ist Entgeltlichkeit hier keine Voraussetzung.

---

[58] siehe dazu oben S. 8f.
[59] Realistische Beispiele zu einer fehlerhaften Lieferung lassen sich allerdings kaum finden (*Asser*, Goederenrecht I, Rn. 311)
[60] *Asser*, Goederenrecht I, Rn. 310
[61] siehe dazu oben S. 12f.
[62] *Asser*, Goederenrecht I, Rn. 310

c. Rechtsfolge, Zielsetzung und Rechtsvergleichung

Die Rechtsfolge des Art. 3:88 BW liegt in der Wirksamkeit einer Eigentumsübertragung an einen Dritten, trotz einer Unwirksamkeit einer früheren Verfügung.

Dadurch wird das Ziel erreicht, im Grundsatz das kausale System beizubehalten, dabei jedoch die diesem System zu Grunde liegenden Nachteile für einen gutgläubigen Dritterwerber auszugleichen.[63]

Im deutschen Recht, dem Abstraktionsprinzip folgend, kann eine solche Problematik gar nicht erst auftreten. Sollte eine Übereignung trotz anfänglich oder nachträglich unwirksamen Verpflichtungsgeschäftes erfolgen, berührt dies nicht die Wirksamkeit des Verfügungsgeschäfts. Daher fehlt es an einer vergleichbaren Regelung.

D. Rückabwicklung einer Eigentumsübertragung

Fraglich ist, wie eine durch welche Umstände auch immer notwenige Rückübereignung in den Rechtsordnungen geregelt ist.

Die möglichen Gründe für eine Rückübertragung von Eigentum sind vielfältig. Sie werden meist auf (schuldrechtliche) Plichtverletzungen, wie z.B. Nichterfüllung, Sachmängel an einer Kaufsache oder Nichtnachkommen einer Zahlungsverpflichtung, zurückzuführen sein.[64] Dieser Abschnitt befasst sich nicht mit diesen Gründen für eine Rückabwicklung, sondern beschränkt sich auf die sachenrechtlichen Instrumente und Auswirkungen einer Rückübereignung.

I. Rücktritt („*ontbinding*")

Aus Gesetz oder Vertrag kann für eine der Parteien ein Rücktrittsrecht entstehen. Bei dessen Ausübung erlischen die primären Leistungsverpflichtungen. Falls allerdings schon ein Leistungsaustausch, wie eine Übereignung, stattgefunden hat, entsteht ein Rückgewährschuldverhältnis.[65] Eine erfolgte Eigentumsübertragung ist somit rückgängig zu machen.

---

[63] *Nieskens-Isphording*, Overdracht, S. 89f.; *Asser*, Goederenrecht I, Rn. 310
[64] BW: Art. 6:265 I; BGB: z.B. §§ 323 I, 324, 326 V
[65] Art. 6:271 BW; § 346 I BGB

Nach deutschem Recht und dem Abstraktionsprinzip hat der Rücktritt nur Auswirkungen auf das Verpflichtungsgeschäft; das Verfügungsgeschäft in Form der Eigentumsübertragung bleibt wirksam. Somit hat die Rückabwicklung in Form einer Rückübereignung zu erfolgen. Diese richtet sich nach den dargelegten Vorschriften für die Eigentumsübertragung.[66]

Im Vergleich dazu stellt sich die Frage, ob das niederländische Kausalprinzip hier zu anderen Erfordernissen und Möglichkeiten kommt. Da eine Eigentumsübertragung hier nur wirksam ist, wenn sie durch einen gültigen Titel begründet ist,[67] könnte man vermuten, dass dieser Titel durch Rücktritt entfällt und damit das Eigentum automatisch wieder an den Veräußerer zurückfällt.
Durch Art. 6:271 S. 2 BW ist indes festgelegt, dass der Rechtsgrund für die Übereignung erhalten bleibt und der Rücktritt gerade keine Wirkung ex tunc entfaltet (Art. 6:269 BW). Dadurch ist die Eigentumsübertragung nach wie vor unter gültigem Titel erfolgt und wirksam. Es entsteht somit auch nach niederländischem Recht lediglich ein Rückgewährschuldverhältnis (*verbintenis tot ongedaanmaking*). Ein Rücktritt hat mithin keine dingliche Wirkung.[68]

In sachenrechtlicher Hinsicht sind Voraussetzungen und Folgen des Rücktrittsrechts in den untersuchten Rechtsordnungen somit identisch.

II. „*recht van reclame*" – Rücktritt mit dinglicher Wirkung
Das niederländische Recht kennt eine dem BGB fremde Sonderform des Rücktritts, welche durch Ausübung eine dingliche Wirkung auslöst. Auch wenn es sich dabei genau genommen um ein schuldrechtliches Konstrukt handelt, soll es auf Grund seiner sachenrechtlichen Rechtsfolgen hier beschrieben werden.

---

[66] *Looschelders*, Schuldrecht AT, Rn. 837
[67] siehe dazu oben S. 8f.
[68] *Asser*, Bijzondere overeenkomsten, Rn. 523

1. Anwendungsbereich und Ziele

Das *recht van reclame* soll einem Verkäufer die Möglichkeit geben, bei Nichtzahlung des Kaufpreises trotz erfolgter Übereignung der Kaufsache so vom Kaufvertrag zurückzutreten, dass er dadurch automatisch das Eigentum zurück erlangt. Man hat sich zu solch einem Rechtsinstrument entschlossen, da es in bestimmten Branchen ein willkommenes und wirksames Mittel ist, um sich dagegen wehren zu können, dass Kaufpreise trotz ihrer Fälligkeit nicht gezahlt werden. Insbesondere bei Insolvenz des Käufers bietet es Gläubigerschutz.[69]

2. Voraussetzungen

Nach Art. 7:39 I BW gibt es vier grundsätzliche Voraussetzungen zur Ausübung des *rechts van reclame*.

Zunächst muss die Kaufsache an den Käufer übereignet worden sein.

Ferner muss der Kaufpreis trotz Fälligkeit nicht gezahlt worden sein. Durch diese zweite Bedingung wird gleichzeitig ein grundsätzliches Rücktrittsrecht gem. Art. 6:265 BW ausgelöst.[70] Das Reklamerecht geht jedoch in seinen Rechtsfolgen weiter als das einfache Rücktrittsrecht, dazu später mehr.

Gem. Art. 7:41 BW kann das Reklamerecht nur ausgeübt werden, wenn sich die Kaufsache noch in der gleichen Beschaffenheit befindet wie zum Zeitpunkt der Lieferung. Dies richtet sich nach den Umständen des Einzelfalls und der allgemeinen Verkehrsauffassung. Es liegt jedenfalls dann eine veränderte Beschaffenheit vor, wenn eine Verbindung, Vermischung oder Verarbeitung stattgefunden hat.[71]

Schließlich sind noch zwei Fristen zu beachten: Das Reklamerecht muss spätestens sechs Wochen nach Fälligkeit des Kaufpreises ausgeübt werden oder spätestens 60 Tage nach Zugang der Kaufsache beim Käufer (Art. 7:44 BW). Sollte eine dieser Fristen verstreichen, entfällt das Reklamerecht.[72]

---

[69] *Asser*, Bijzondere overeenkomsten, Rn. 599
[70] *Asser*, Bijzondere overeenkomsten, Rn. 601
[71] *Asser*, Bijzondere overeenkomsten, Rn. 603
[72] *Asser*, Bijzondere overeenkomsten, Rn. 605

3. Rechtsfolgen

Die Ausübung des Reklamerechts durch schriftliche Erklärung (Art. 7:39 I 1 BW) hat eine schuldrechtliche und eine sachenrechtliche Rechtsfolge: Es findet ein Rücktritt vom Kaufvertrag statt, wodurch dieser aufgelöst wird und die oben beschriebenen Rechtsfolgen eintreten.[73]

Daneben steht die - ausschlaggebendere - sachenrechtliche Wirkung: Der Wortlaut des Gesetzes spricht davon, dass „das Recht des Käufers erlischt" (Art. 7:39 I 2 BW). Damit fällt das Eigentum an der Kaufsache zum Zeitpunkt der Ausübung des Reklamerechts kraft Gesetzes wieder zurück an den Veräußerer.[74]

Noch im alten *Burgerlijk wetboek* von 1838 hatte das Reklamerecht ex tunc-Wirkung. Heute wirkt es jedoch nur noch ex nunc zum Zeitpunkt des Zugangs der „*reclameverklaring*" (Art. 3:37 III BW).[75]

4. Rechtsdogmatik

Rechtsdogmatisch handelt es sich beim Reklamerecht um eine gesetzliche Einschränkung des Eigentumsrechts des Käufers durch eine auflösende Bedingung. Der Gesetzgeber unterstellt, dass der Verkäufer einen Eigentumsverlust nur in Kauf nimmt mit dem Ziel, eine Gegenleistung zu bekommen. So erscheint es sinnvoll, von einer fiktiven auflösenden Bedingung auszugehen und dem Verkäufer das Recht einzuräumen, im Falle der Nichtzahlung durch die Ausübung des Reklamerechts die auflösende Bedingung eintreten und damit das Eigentum zurückfallen zu lassen.[76]

Nach einer Mindermeinung handelt es sich beim Reklamerecht um einen gesetzlichen Eigentumsvorbehalt. Zwischen Lieferungs- und Zahlungszeitpunkt habe der Käufer lediglich ein Eigentumsrecht unter aufschiebender Bedingung, der Verkäufer das Eigentumsrecht unter

---

[73] *Asser*, Bijzondere overeenkomsten, Rn. 606
[74] *Fikkers*, Recht van reclame, S. 91
[75] *Asser*, Bijzondere overeenkomsten, Rn. 611; *Fikkers*, Recht van reclame, S. 97
[76] *Asser*, Bijzondere overeenkomsten, Rn. 610; *Fikkers*, Recht van reclame, S. 98

auflösender Bedingung inne.[77] Dieser Ansicht ist mit der h.M. nicht zu folgen, da der Käufer gerade mittels erfolgter dinglicher Einigung und Leistungshandlung zeitgleich Eigentum erwerben soll. Das Reklamerecht will somit keine aufschiebende Bedingung aus Sicht des Käufers bewirken, sondern lediglich eine auflösende Bedingung.[78]

5. Drittschutz

Auf Grund dieser Konstruktion erwirbt der Käufer somit ein belastetes Eigentumsrecht. Bei Weiterveräußerung an Dritte bleibt diese Belastung grundsätzlich bestehen, da nicht mehr Rechte übertragen werden können, als beim Übertragenden vorhanden sind. Der Dritte sieht sich somit der Gefahr ausgesetzt, sein Eigentumsrecht an Rechtsvorgänger des Veräußerers durch das Reklamerecht zu verlieren.[79]

Art. 7:42 BW entfaltet jedoch Drittschutzwirkung, welche sich stark anlehnt an Art. 3:86 BW. Insbesondere muss für den Drittschutz eine entgeltliche Lieferung stattgefunden haben.[80]

Der Dritterwerber muss gutgläubig sein, bezogen darauf, dass er nicht mit einer Ausübung des Reklamerechts gegen seinen Rechtsvorgänger rechnen musste. Er ist nicht nur gutgläubig, wenn er nichts davon wusste, dass sein Rechtsvorgänger den Kaufpreis nicht beglichen hat, sondern auch schon dann, wenn er von der Nichtzahlung wusste, aber von einer ordnungsgemäßen weiteren Abwicklung und Zahlung ausgehen durfte.[81]

Drittschutz nach Art. 7:42 BW ist ausgeschlossen, wenn sich die Kaufsache noch im Besitz des ursprünglichen (ersten) Käufers befindet (Art. 7:42 I BW). Denkbar sind Fälle der Weiterveräußerung constitutum possessorium.[82]

---

[77] *Mezas*, nach *Fikkers*, Recht van reclame, S. 106f.
[78] *Fikkers*, Recht van reclame, S. 107
[79] *Asser*, Bijzondere overeenkomsten, Rn. 608
[80] siehe dazu oben S. 10ff.
[81] *Asser*, Bijzondere overeenkomsten, Rn. 616
[82] siehe dazu oben S. 5f.

E. Vergleichendes Fazit und Beurteilung

Ein grundlegender - wenn nicht der bedeutendste - Unterschied in den Rechtssystemen in Bezug auf die Eigentumsübertragung liegt zum einen in der Anwendung von Abstraktions- bzw. Kausalprinzip. Dies schlägt sich sowohl bei den Erfordernissen für die Eigentumsübertragung und deren Wirksamkeit, als auch bei Fragen des gutgläubigen Erwerbs nieder.

Die dem Kausalprinzip ausfließenden Nachteile, insbesondere im Rahmen des Gutglaubensschutzes, werden durch zusätzliche Vorschriften im Großen und Ganzen eingegrenzt. In der Praxis seien daher kaum Unterschiede bei der Eigentumsübertragung festzustellen, mit Ausnahme des Falles der Insolvenz einer der Vertragsparteien.

Aus rechtspolitischen Hintergründen hat sich der deutsche Gesetzgeber für das Abstraktionsprinzip mit ausgeprägter Drittschutzwirkung, der niederländische Gesetzgeber dagegen für das Kausalprinzip entschieden, welches den Veräußerer stärker absichere.
Bemerkenswert ist die Tatsache, dass das Kausalprinzip in den Niederlanden seit Jahrzehnten nicht kritisiert wird, das Abstraktionsprinzip jedoch in Deutschland immer schon auf Gegenmeinungen gestoßen ist.[83]

Eine weitere Abweichung liegt in der Gesetzessystematik. Während das BGB für jede Form der Eigentumsübertragung eine eigene Gesetzesnorm enthält, regelt Art. 3:84 BW als einzige Vorschrift die Übertragung, ggf. nur ergänzt durch Vorschriften zu Besitzerwerb und -verlust.
Ebenso ist der gutgläubige Erwerb im deutschen Recht jeweils für jede Art der Übereignung einzeln festgelegt, während das niederländische Recht im Prinzip nur eine Norm diesbezüglich dartut. Eine zweite Regelung wird lediglich erforderlich, um Mängel des Kausalprinzips auszugleichen.

---

[83] *Nieskens-Isphording*, Overdracht, S. 90

Beachtlich ist im Rahmen der Rückabwicklungsvorschriften das niederländische Reklamerecht; innerhalb aller verglichenen Aspekte der Eigentumsübertragung ist es einzigartig, ohne analoge Regelung im deutschen Recht. In der Praxis ist dieses Recht sicher gewichtig; schließlich bringt der alltägliche Geschäftsverkehr mehr und mehr Probleme hinsichtlich der Zahlungsmoral und –fähigkeit der Vertragspartner, Insolvenzen sind an der Tagesordnung.

Literaturverzeichnis

Asser, Carel	Mr. C. Asser's handleiding tot de beoefening van het Nederlands burgerlijk recht Bijzondere overeenkomsten I: Koop en ruil 6. Auflage 2001 Kluwer Verlag, Deventer (zitiert: *Asser*, Bijzondere overeenkomsten)
Asser, Carel Mijnssen, F.H.J.	Mr. C. Asser's handleiding tot de beoefening van het Nederlands burgerlijk recht Goederenrecht I: Algemeen goederenrecht 14. Auflage 2001 Kluwer Verlag, Deventer (zitiert: *Asser*, Goederenrecht I)
Asser, Carel Mijnssen, F.H.J.	Mr. C. Asser's handleiding tot de beoefening van het Nederlands burgerlijk recht Goederenrecht II: Zakelijke rechten 14. Auflage 2002 Kluwer Verlag, Deventer (zitiert: *Asser*, Goederenrecht II)
Baur, Fritz Baur, Jürgen F. Stürner, Rolf	Sachenrecht 17. Auflage 1999 Verlag C.H. Beck, München (zitiert: *Baur/Stürner*, Sachenrecht)
Brahn, O.K.	Monografieën Nieuw BW Levering, beschikkingsonbevoegdheid 2. Auflage 1992 Kluwer Verlag, Deventer (zitiert: *Brahn*, Levering)
Caspari, Stefan Nieper, Franz Hein, Claudia Westerdijk, Arjen S.	Niederländisches Bürgerliches Gesetzbuch III 1. Auflage 1996 Verlag C.H. Beck, München (zitiert: *NBG*)
Fikkers, Helena A.G.	Recht van reclame Over het recht van terugvordering van niet betaalde roerende zaken 2. Auflage 1992 Kluwer Verlag, Deventer (zitiert: *Fikkers*, Recht van reclame)
Hütte, Felix	Sachenrecht I Mobiliarsachenrecht 1. Auflage 2004 Verlag Dr. Rolf Schmidt, Grasberg bei Bremen

	(zitiert: *Hütte*, Sachenrecht I)
Larenz, Karl	Lehrbuch des Schuldrechts Band II: Besonderer Teil Halbband 1 13. Auflage 1986 Verlag C.H. Beck, München (zitiert: *Larenz*, Schuldrecht)
Looschelders, Dirk	Schuldrecht Allgemeiner Teil 2. Auflage 2004 Carl Heymanns Verlag, Köln (zitiert: *Looschelders*, Schuldrecht AT)
Medicus, Dieter	Bürgerliches Recht 20. Auflage 2004 Carl Heymanns Verlag, Köln (zitiert: *Medicus*, Bürgerliches Recht)
Mijnssen, F.H.J Schut, G.H.A.	Bezit, levering en overdracht 3. Auflage 1991 Verlag Tjeenk Willink, Zwolle (zitiert: *Mijnssen*, Bezit)
Mincke, Wolfgang	Einführung in das niederländische Recht 1. Auflage 2002 Verlag C.H. Beck, München (zitiert: *Mincke*, Einführung)
Nieskens-Isphording, Bernardina W.M.	Overdracht/Übertragung Eigendomsverkrijging naar Nederlands en Duits recht 1. Auflage 1996 Verlag Ars Aequi Libri, Nijmegen (zitiert: *Nieskens-Isphording*, Overdracht)
Nieuwenhuis, J.H. Stolker, Carel J.J.M. Valk, W.L.	Burgerlijk Wetboek Tekst & Commentaar 6. Auflage 2005 Kluwer Verlag, Deventer (zitiert: *Nieuwenhuis*, Commentaar)
Reehuis, W.H.M. Heisterkamp, A.H.T. van Maanen, G.E. de Jong, G.T.	Het Nederlands burgerlijk recht Deel 3 Goederenrecht 11. Auflage 2001 Verlag Gouda Quint, Deventer (zitiert: *Reehuis*, Goederenrecht)
Snijders, Henk J. Rank-Berenschot, E.B.	Goederenrecht 2. Auflage 1996 Kluwer Verlag, Deventer

(zitiert: *Snijders*, Goederenrecht)

Soergel, Hans Theodor Siebert, Wolfgang Baur, Jürgen F.	Bürgerliches Gesetzbuch: mit Einführung und Nebengesetzen; Kohlhammer-Kommentar Band 14. Sachenrecht 1. §§ 854-984 Stand: Sommer 2002 Verlag W. Kohlhammer, Stuttgart (zitiert: Bearbeiter in: *Soergel/Stürner*)
Staudinger, Julius von Gursky, Karl-Heinz	J. von Staudingers Kommentar zum Bürgerlichen Gesetzbuch mit Einführungsgesetz und Nebengesetzen Buch 3 Sachenrecht (§§ 925-984; Anhang zu §§ 929ff.: Sonderformen der Übereignung) (Eigentum 2) Neubearbeitung 2004 Verlag Sellier-de Gruyter, Berlin (zitiert: Bearbeiter in: *Staudinger*)
Wieling, Hans Josef	Sachenrecht 4. Auflage 2001 Springer Verlag Berlin, Heidelberg, New York (zitiert: *Wieling*, Sachenrecht)